Bibliographische Information der Deutschen Bibliothek:

Die Deutsche Bibliothek verzeichnet diese Publikation
in der Deutschen Nationalbibliographie; detaillierte
Daten sind im Internet über http://dnb.ddb.de
abrufbar.

Erste Taschenbuchausgabe
2. Auflage, Dezember 2010

© 2009 adakia Verlag UG (haftungsbeschränkt), Gera

Das Werk einschließlich aller seiner Teile ist
urheberrechtlich geschützt. Jede Verwertung außerhalb
der Grenzen des Urheberrechts ohne Zustimmung des
Verlages ist unzulässig.

ISBN 978-3-941935-00-6

Mark Jischinski

Eine endliche Geschichte vom unendlichen Leben

Am Anfang ist dein Schrei.
Aber da sind Menschen
immer in deiner Nähe.
Sie sagen dir,
dass du furchtbar laut und
sehr oft krank bist,
und dass es ziemlich schwer ist,
dich in diesem Leben zu halten.
Du verlässt dich auf das,
was sie sagen.
Sie tragen und füttern,
halten und streicheln dich.
Deine Mutter ist
in deinem Mund.
Ambrosia liegt in der Luft,
wenn sie bei dir ist,
und du hast das Gefühl
vollkommener Geborgenheit.
Später stopfen sie dir leckeren Brei in
den Mund,
umsorgen dich
und wechseln immer

brav deine Windeln,

die riechen,

als hättest du irgend etwas

in dir, was dich daran

zweifeln lässt, ob du

wirklich in diese Welt gehörst.

Einmal versuchst du aus

deiner Windel zu kosten

und es ist wirklich nicht lecker,

was da an deinem Finger klebt.

Deine Mutter zieht auch

ein sehr ernstes Gesicht

und meint, dass du das

nie wieder machen solltest.

Kaum haben sie und der

Typ bei ihr sich

als deine Eltern vorgestellt,

wofür du sie auch mit

Zuwendung und Kommunikation

reichhaltig zu entschädigen versuchst,

führen sie dich zu einer

jungen Dame und einer

Horde kleiner Wesen,
die genauso komisch aussehen
und genauso wenig Ahnung
von allem haben wie du.
Du machst Spiele und
die bittere Erfahrung des Teilens.
Gemeinsames Essen und Kacken
sind Vorboten des
großen Traums der
glücklichen Gemeinschaft.
Dich stören die meisten
dieser Mitläufer
weil sie mehr
Spielzeug und Freunde
haben als du.
Aber irgendwie hast du
den Eindruck,
dass es Wichtigeres
im Leben gibt,
doch deinen ersten
philosophischen Fragen
weichen alle aus.

Wer hat gesagt,
dass Teilen immer gut ist?
Warum ist der Dümmste
so oft der Bestimmer?
Warum darf sich jeder beim Essen
nur eine Kelle nehmen, obwohl
manche schmal und
andere dick sind?
Warum haben die Mädels eigentlich
keinen Puller?
Vielleicht finde ich bloß
noch nicht die richtigen
Worte, denkst du, aber
das kannst du ja später
nachholen, wenn sie dich verstehen
und du sie auch.

Die angenehme Erfindung
der Gewöhnung hat dich
gerade in ihre weiten Arme
und störende Fragen
aus deinem Kopf
genommen, als sie dich
schon wieder wegtragen.
Doch du hast Glück
und bist noch zu klein
um dich zu fragen,
ob es nicht besser
gewesen wäre, weiter zu
spielen und frei zu sein.
In der Schule musst
du plötzlich ruhig sitzen
und das auch noch
neben der Hässlichen
mit der Brille,
in deren rechten Glas
sich das Bild eines
Schmetterlings befindet.
Du fragst dich die
ganze Zeit, ob sie

gar kein Auge hat, oder
ob es die Raupe
auf dem Weg zur
Schönheit gefressen hat.
Und wunderst dich,
warum niemand in den
Pausen mit ihr spielt,
und warum sie alles
besser versteht,
obwohl sie nur die Hälfte sieht.
Vielleicht liegt es
daran, dass sie eine Frau ist.
Und die sind anders.
Das hat dir dein Vater gesagt.
Irgendwann merkst du,
dass nicht nur die
kichernden Mädchen
anders sind, sondern auch
die Jungs.
Du würdest gern wissen,
was das Ganze soll,
warum das Geheimnis
des Schmetterlings so

verlockend ist und
Mathematik immer so logisch
und die Anweisungen
deiner Eltern nicht.
Keiner dieser Jungs
gibt dir Antwort auf die vielen
Fragen, die nicht mal in
deinen öden Schulbüchern stehen.
Stattdessen hauen sie dir
in jeder Pause eine rein,
weil du nicht cool bist oder nicht
wenigstens so tust.
Ich habe so viele Fragen an euch,
suche echte Freunde,
habe Emotionen
und eine Art Nächstenliebe,
möchtest du ihnen sagen,
aber du hast das Gefühl,
dass sie dich
nicht verstehen würden.
Deshalb hältst du den Mund und das
verstehen sie gut.

Damit sie dir nicht
weiter weh tun,
bietest du ihnen
dein Pausenbrot an
und sie verschlingen es
ohne ein Danke.
Deine Mutter wundert sich derweil
über deinen
guten Appetit und
noch mehr darüber,
dass du immer dünner wirst.
Aber im Wachstum sei
so etwas eben in Ordnung.

Alles plätschert so völlig normal
dahin, als würdest du
in einer Käseglocke
aufwachsen, doch du fragst dich,
was jenseits dieser Glocke
ist und liegst auf Wiesen und
träumst dich in die Wolken,
wo Geschöpfe anderer Art hausen
und sich über die Banalität

deines Daseins totlachen.
Und so zweifelst du
das erste Mal daran,
diesem Leben wirklich
gewachsen zu sein.
Die Zeit verrinnt immer
schneller, und je weniger
vorgedruckte Zeilen deine
Schrift im Deutschheft führen,
umso mehr scheinst du
die Linien deines Lebens
selbst ziehen zu müssen.
Eines Tages siehst du
in den Spiegel,
etwas länger als sonst,
und erkennst den Jungen nicht mehr,
der du einmal warst.
Du versuchst vergeblich,
allem zu folgen,
was man bestrebt ist,
dir beizubringen
und scheiterst bei dem Versuch,
Literatur nach deinem

Eindruck interpretieren zu dürfen.
Was wirklich zählt,
ist aber nicht dein Eindruck,
sondern die Meinung des Lehrers.
Aber zum Glück
hast du noch keine Ahnung
von Populismus und
achtest Autorität.
Außer die deiner
Eltern natürlich,
denn die sind
nun Spießer und
langweilen dich.

Das wirklich Spannende
findest du nicht mehr
in der Schule,
sondern an deinem
Körper, der sich weiter
verändert und dessen phallusfixierter
Gebrauch dir manche
Freude bereitet.
Du würdest diese

gern teilen, doch
die Mädchen in deiner
Umgebung finden dich so langweilig
wie du deine Eltern.
Weil du kein Sonderling
sein willst, schließt du dich
einer Gruppe an.
Du betrinkst dich,
fühlst dich hundeelend
und schwörst,
es nie wieder zu tun.
Aber da sind
deine Kumpels,
und die erwarten es von dir.
Sie können zwar deine
Frage nach dem Sinn des Saufens
und des Lebens nicht beantworten,
aber ihr Prosit und ihre hohlen
Lieder schallen wie
ein Gebet in deinen Ohren.
Dein Gefühl bedrängt
dich mit der Gewissheit,

dass das

das Leben nicht sein kann.

Und eine Ahnung überfällt

dich unerbittlich.

Natürlich die, dass

du gar keine hast.

In einer nüchternen

Minute fragst du

deine Kumpels, was sie so von ihrem

Leben erwarten, welche Ziele sie

haben und wovon sie träumen.

Und nachdem

sie über deine Naivität

genug gelacht haben,

sagen sie dir,

dass sie auch

genau davon ganz gewiss keine

Ahnung haben.

Zwei Stunden später

sind sie besoffen und kotzen

wie die Reiher, die auch

keine Ahnung vom Leben haben.

Allein mit deinen Träumen
fliegst du durch den Raum
und vergisst die Zeit.
Jenes große Ungeheuer,
das dich aus der
Schule wirft und
dir klar macht, dass
du in einer Welt
voller Möglichkeiten
angekommen bist,
ohne zu wissen,
welche du haben willst.
Du vermisst die
Hände, die dich führten,
und das wohlige Gefühl,
das dir der Anblick
des Schmetterlingsauges
bereitete.
Natürlich fehlt dir auch
das ambrosische Organ
voller Glückseligkeit, das dich
ganz am Anfang nährte,

aber nun sind deine Absichten
gänzlich andere.
Du würdest dich gern
an eine weibliche Brust schmiegen
und aus einer warmen Höhle
in die Welt schauen.
Da draußen aber
ist es kalt, und
keine der tausend
Optionen scheint
auf dich gewartet zu haben,
obwohl du doch
im Getriebe des Lebens
der Schaltknüppel sein wolltest.
Statt dessen bist du
nicht mal ein Zahnrad,
sondern allenfalls
ein Tropfen im alten Öl,
das beim nächsten Wechsel
einfach abgelassen wird.
Deine Träume und Wünsche
werden so komisch wie
deine Mitmenschen,

und du fragst dich
schon wieder, was das alles soll.
Zu allem Überfluss
verliebst du dich endlich
zum ersten Mal richtig
in eine ohne Brille und Schmetterling,
und
sie bricht dir das Herz.
Mit der nächsten
hast du deinen ersten Sex zu zweit,
und nun wird das Leben
erst recht kompliziert.
Im Meer der Möglichkeiten
schwimmst du mit deinem
klug gewählten Studiengang
scheinbar in die richtige Richtung.
Doch während die Strömung
zunimmt, merkst du,
dass du definitiv
im falschen Boot sitzt.
Vielleicht, fragst du dich,
sollte ich erst einmal
wissen, wohin ich will,

damit mir diese Reise
nicht wertlos erscheint.
Du fragst dich wieder einmal,
was aus dir werden soll,
schaust auf die anderen,
die scheinbar so sicher auf
ihren Wegen sind und weißt immer
noch nicht, wo du hingehörst.
Du hoffst, dass
dieser Teil des Lebens
nur eine Übung ist und
du noch einmal über „Los"
gehen darfst.
Der Rest deines Lebens
würde dir dann
nicht so trostlos erscheinen.
Aber deine Eltern und Freunde
geben dir weise Ratschläge,
die sich alle so anhören,
als sollte man im Leben unbedingt
etwas zu Ende bringen.
Also bleibst du dabei und
hoffst auf dieses Ende.

Mittendrin triffst du

ein Mädchen, das dich

glauben lässt, die ganze Sache

hätte doch einen Sinn.

Sie versteht deine Fragen

ohne dir antworten zu können,

aber du bist nicht mehr allein.

Ihr Körper ist

ein begehrenswertes Etwas,

das voller Geheimnisse

und Öffnungen ist,

die dich einladen und faszinieren.

Du kannst nicht von

ihr lassen und deine

Gedanken bestehen nur

noch aus ihr, während

du selbst eine einzige Erektion bist.

Vor allem aber kommen

aus ihrem Mund

Sätze wie: ich habe auch

keine Ahnung, was das

alles soll, aber ich

habe dich,

und zum ersten Mal
fühlst du so etwas wie
wirkliche Liebe.
Inzwischen macht dir
Sex natürlich richtig Spaß
und das sorgt dafür,
dass dir dein Studium
völlig egal wird
und du daran zweifelst,
dass man überhaupt etwas
im Leben zu Ende
bringen sollte.
Außer den Akt selbstverständlich.
Du schreibst Liebesgedichte
voller Poesie und Sehnsucht,
über die das Feuilleton
berichten würde,
über Liebe sei
noch nie eine solche
Scheiße geschrieben worden,
du aber weißt,
dass auch du die großen Geheimnisse
des Lebens nicht lösen wirst.

Irgendwie mogelst du
dich durch Prüfungen und Diplome
und wirst im Sog des Mittelmaßes
ans Ende deines Studiums gespült.
Die einzige Gewissheit,
die du endlich hast, ist die,
dass es der größte Blödsinn ist,
etwas zu Ende zu bringen,
das man besser nie angefangen hätte.

Nach dem Studium
verändern sich deine
scheinbar eben erst gewonnenen
Freunde schon wieder.
Sie werden Gehaltsempfänger,
Arbeitnehmer, Wohlständler.
Sie pflegen sich, ihre Pflanzen
und Beziehungen.
Sie ziehen in wohldurchdacht
eingerichtete Wohnungen
oder freuen sich
über das eigene Heim,
das die nächsten 30 Jahre
nicht nur ihnen, sondern auch
noch ihrer Bank gehört.
Schließlich heiraten sie
praktisch veranlagte Frauen,
die sie zu Schulzeiten
gemieden hätten,
führen Ehen voll Vernunft
und voller Kompromisse,
arbeiten in Berufen,
in denen sie es

ganz gut aushalten können,
und stellen sich Tinnef
in ihre Schrankwände,
den sie selbst ihren
Eltern nicht zugetraut hätten.
Groß ist die Freude
über ihre monatlichen Zugänge
auf ihren Konten.
Sie geben Sicherheit und Zufriedenheit.
Selbstverständlich
fahren sie Statussymbole,
aus deren Auspuffanlagen
ihre letzten Ideale in Rauch aufgehen.
Du stehst in dieser
Wolke aus Dreck, und es scheint
dir, als wären alle Träume,
die du einmal hattest,
für immer verschwunden.
Keiner hat irgendeine Ahnung
und sie flüchten sich in
vernünftige Zerstreuungen wie
Wohlstand und Konsum,
Arbeit, Vereine und

gemeinsame Spielabende.
Fressen, Ficken und Fernsehen
sind die Lebensplacebos deiner
Generation.
Ein wenig gleitest du ab
in diese Welt, die keine ist.
Du merkst, wie du dir
immer fremder wirst,
aber die Anderen sind
doch auch da und
machen mit.
Weil das alles gar nicht
so falsch sein kann,
wirst du übermütig,
weil du glaubst,
du hättest nun eine
grobe Ahnung vom
Leben und Glück.
Es ist überhaupt nicht
so wie erhofft.
Nicht so echt, erfüllend
und berauschend.
Und weil dir die Sache

doch keine Ruhe lässt,
suchst du weiter.
Leider am falschen Ort.
Denn deine Freundin will
dich allein und nicht teilen
mit dieser flüchtigen Begegnung
vom Meeting in der Firma.
Weil sie wirklich nur
flüchtig war,
bist du nun wieder allein,
und es martern
dich wie früher die alten Fragen,
bis du wieder einmal einsiehst, dass du
gar nichts verstanden hast.
Bevor man dir
ein Namensblechschild
an den Stuhl deiner
Stammkneipe schlägt,
bekommst du die
Kurve und wieder eine Arbeit,
siehst brav fern und belohnst dich
einmal die Woche mit
einer Pizza und einem Porno.

Scheinbar hast du
das Leben wieder in deiner Hand
und wenn du dich nach dem Genuss
von Beidem wieder beruhigt hast,
wühlst du in den alten Kisten
und entdeckst die Gedichte
von damals, lachst dich
halb tot und
beginnst zu weinen,
weil sie so schlecht
wie wahr sind.
Du wärst auf einmal
gern wie die Anderen
mit ihren langweiligen,
geregelten Leben,
ihren Familien und Vereinsfesten.
Deine Bekannten belächeln
dich und halten dich
für einen hoffnungslosen Fall.
Gäbe es doch nur
einen Arzt für
Träumer und Ahnungslose,
du würdest für sein Honorar

auf die Pizza und sogar
den Porno verzichten.
Du hättest gern diese Pille,
die deine Träume erfüllt
und dir die Rastlosigkeit nimmt,
aus deinem Leben mehr zu machen.
Du willst doch gar nicht so viel,
aber eben auch nicht so wenig
wie diese aufgebauschte
Oberflächlichkeit der anderen.
Eine Arbeit mit Freude und Sinn.
Eine Partnerschaft mit
Anerkennung und Liebe.
Das wäre doch mal ein Anfang.
Und dabei tun doch
alle um dich herum,
als wären sie glücklich und
wüssten Bescheid
über das Leben.
Du hast dein Leben überhaupt nicht
im Griff,
es stellt dir mehr Fragen
als es dir Antworten gibt und

allein fühlst du dich sowieso.
Die Flucht in Discotheken
führt dich in die Arme
von älteren Damen, zu einer
Zeit, in der du längst
neben deiner Traumfrau
schlafen solltest.
Doch von ihr siehst du nichts,
auch nicht zwischen den
Takten von Discofox und
Schlager, mit denen die
letzten Discobesucher
von der Tanzfläche
gespült werden.
Also gehst du
wieder nach Hause,
auf Arbeit und
dir selbst auf den Keks.
Kurz vor dem endgültigen
Absturz und der Kapitulation
vor einer
alten Fregatte,
die schon beim Tanzen

so seltsam dominant ist,
triffst du dort,
wo du am wenigsten
gesucht hast,
auf die Frau,
die du besser nicht hättest
erfinden können.
Sie ist dir natürlich schon oft
über den Weg gelaufen,
war eigentlich immer da
und bei dir.
Aber du hattest deine Augen
nur zum Träumen geöffnet,
obwohl du eigentlich nur
hinschauen brauchst.
Sie kennt dich und damit
kommen dir Zweifel.
Sie kennt dich zu gut!
Ist das die Basis für
eine vernünftige Beziehung?
Doch ganz plötzlich siehst
du sie mit anderen Augen
und erkennst die Frau

in einer Freundin.
Bevor du dich weiter fragen
kannst, wie das alles
gehen soll, bist du auch
schon gefangen und schwimmst
mutig gegen den Strom
deiner Gefühle
aus Angst und Zweifel.
Pack das Gefühl mit
beiden Händen,
so lange es sich zeigt,
sagst du dir.
Doch sie ist weg,
weil auch sie schon
alt genug ist und
Schlappschwänze zuhauf
gesehen hat.
Tatenlose Worte
aus Mündern voller
blitzblanker Zahnreihen
kennt sie zur Genüge.
Je älter du wirst,
umso mehr schwindet

dein Vertrauen in
Träume und Menschen.
Du würdest gern
die Augen
schließen und der Junge
von einst sein.
Nicht, weil du dich alt fühlst.
Nein, weil alles
möglich schien und
dein Leben kein Spiel war,
das auf ein begrenztes Feld
passen und
Spielregeln gehorchen musste,
die niemand versteht,
geschweige denn
erklären kann.
Du verschwendest ein paar
Gedanken daran,
dass du im Krankenhaus
vertauscht worden bist
und die dir
vorherbestimmten
Spielfelder von einem

anderen,

dem falschen Spieler

belegt sind.

Auf dem Weg in deine

Kneipe bekommst du

einen Anruf.

Ihre Angst ist nicht weg,

sagt sie, aber eine

innere Stimme sagt ihr,

dass sie dir trauen kann.

Du kommst nie an

in deinem alten Pub

und wirst auch

nie wieder hingehen.

Stattdessen klingelst du

bei ihr, und

mit ihrer Tür

öffnet sich etwas

in dir.

Als würde sich dein

Ich endlich zu dem

zusammensetzen,

aus dem es schon

immer bestand.
Die Reihenfolge der Organe,
Erfahrungen, Wünsche,
Träume und Sinne wird
endlich geordnet.
Vielleicht ist es auch
das Leben
des Mitspielers,
der am Ende
doch gewinnt und weiß,
dass er auf dem
richtigen Feld steht.
Sie zieht dich zu sich heran, und
nach vielen Worten und Tränen
tauchst du ein in das Meer,
in dem du einfach nur
ertrinken willst.
Nicht bloß auf der
Oberfläche baden,
sondern ganz tief eindringen,
alle Flüssigkeit trinken
und eins werden mit
dem Ozean.

Nun scheint es
doch einfach,
was so schwer fiel.
Natürlich durchlebst du
diese rosarote Phase des
Blumen schenkenden,
überaufmerksamen,
zuhörenden,
staunenden
und über alle Maße
liebenden Dauerständers.
Sie ist der Gipfel des Genusses
und der Berg zum Besteigen.
Sie ist dir Nahrung,
Luft und Leben.
Alles ist in Ordnung
und sie gibt dem Ganzen
Anstrengung,
Aufregung und
damit einen Sinn.
Und weil du auch nach
der Phase rosarot
immer noch eine unglaubliche

Frau vor dir hast,
ziehst du mit ihr zusammen,
wachst jeden Morgen
neben ihr auf
und bist glücklich,
immer wieder
in dieses Gesicht
blicken zu dürfen.
Du hättest nie beschreiben können,
wie es wirklich aussieht, und
du weißt, dass du an den
unmöglichsten Stellen
danach gesucht hast.
Nun aber merkst du, dass sich
alles genau so anfühlen muss.
Du kannst dem Glück hinterher jagen,
so lange du willst.
Irgendwann findet es dich.
Bei Einsichten wie diesen
fühlst du dich weise und hast
ein klein wenig die Hoffnung,
deine Fragen doch noch
beantwortet zu bekommen.

Dass es mit der Liebe
so ernst werden würde,
hatte natürlich keiner
von diesen
Besserwissern und
Ratgeberlesern gesagt.
Es hat sich nicht
das Licht verändert,
die Erde dreht sich
in dieselbe Richtung
und die Sonne geht jeden
Morgen im Osten auf.
Doch wo Engel sind,
lauert immer der Teufel,
auch wenn er als
Nichtigkeit
Gestalt annimmt.
Mal sitzt er auf
der Wäscheleine,
im Trockner, oder
er lässt dich einen Termin
mit ihr verpassen.
Ist doch nicht wichtig,

wir haben doch uns,

sagst du, und das ist,

was am Ende zählt.

Du hörst nicht auf mich,

du achtest mich nicht,

du verstehst mich nicht.

Sagt sie.

Was machst du

mit einer Liebe,

mit der du

nicht leben kannst?

Wenn sie die Socke

stört, obwohl sie

erkennbar vom

Schmutz

auf dem Boden ablenkt,

den du wieder

nicht gewischt hast.

Stört es die Liebe,

wenn du den

Geschirrspüler

falsch herum

eingeräumt oder

du keine Zeit hast,
sie zum Friseur zu fahren?
Oder gemeinsam dieses
langweilige Theaterstück
zu sehen?
Aber es ist doch Liebe!
So schreist du.
Sie kann unmöglich
solche Banalitäten
wichtig nehmen.
Liebe muss mehr sein als
das Vermögen,
die Schwierigkeiten
des Alltags
möglichst störungsfrei
zu meistern, und du
liest noch einmal nach
in der ganz großen Lyrik,
in der du natürlich
nicht ein Wort über
Streitigkeiten bei der Hausarbeit
findest.
Es ist so traurig,

dass sie dich nicht
versteht, so wenig
wie du sie.
Und was macht
die Liebe,
wenn die Liebenden
nicht miteinander
leben können?
Als Mann von Welt,
der vieles weiß
und noch mehr gesehen
zu haben glaubt,
sammelst du allen Mut
und tust das,
was ein Mann tun muss:
Du verdrückst dich.
Sitzt in aller Frühe
in einem Schnellimbiss
und schlürfst einen dünnen
Kaffee, als würde er
ein Frauenverstehserum enthalten,
das du einfach nur in dich einfließen

lassen musst,
damit alles wieder gut wird.
Nach dem achten Becher
wird der Kopf nicht klarer,
nur der Bauch rumort, und
es sind auf gar keinen Fall
Schmetterlinge,
die da in dir flattern.
Da ist dieses Gefühl
in dir, das auch
diese schwarze Brühe
nicht wegspülen kann.
Alle Gedanken bestehen
aus ihr, aber du
versagst wegen
genau der Lächerlichkeiten,
wegen derer schon
so viele Männer
von den Anderen
verlassen wurden.
Du schaust noch einmal
in den Kaffee und
auf die Bedienung mit

diesem schrägen Schiffchen
auf ihrem Kopf.
Sie ist keine
Schönheit,
aber sie hat
wahrscheinlich
zu Hause
einen gleich großen
hoffnungslosen Fall
herumsitzen, wie du
einer bist.
Vielleicht solltest du
zu ihr gehen
und ihr gestehen,
dass du derjenige bist,
der nun alles
verstanden hat.
Dass das Leben zusammen
ganz einfach ist, wenn man sich
nur ein bisschen anstrengt
ohne sich zu verbiegen,
den anderen achtet und
auf das hört,

was er sagt, ohne sich selbst

aufgeben zu müssen oder

zu glauben, das zu tun.

Aber nein,

man kann

nicht einfach auf

irgend jemanden

zugehen und sich vornehmen,

ihn zu lieben.

Die Liebe findet dich

ganz ohne Gewalt,

immer sanft, aber doch ganz hart,

sie streichelt und schlägt dich,

zieht dich vom Rand der Klippe,

über die sie dich

hundertfach

wieder hinunterstürzt.

Aber doch macht sie

immer einen besseren

Menschen aus dir.

Und dann stellt sich

immer noch die Frage,

ob dieses

dienstbare Wesen

der Gastronomie, das dir gerade den

neunten Kaffee serviert,

deine wirren

Gedanken am Morgen

überhaupt so

schlüssig finden würde,

wie sie dir vorkommen.

Dann lass ich

diese Gedanken

eben die übliche

Prüfung bestehen,

denkst du und findest

dich zum Mittag

in einer Bar wieder,

in der Männer

betrunken an ihren

Tischen kleben.

Diese Männer,

die allesamt deine Väter

sein könnten, wenn

sie jemals

nüchtern und zeugungsfähig
waren.
Du schaust sie dir alle genau an.
Einen nach dem Anderen.
Wenn du ihnen
nun deine Überlegungen
kund tun würdest,
würden sie dich fragen,
ob du deine Eier
auf dem Weg in die
Bar verloren hast.
Von ihnen
ist nichts zu erwarten.
Nach einer Menge
Getränke, deren
Wirkung du so
nicht erwartet hast,
bleiben die Gedanken
aber immer noch
in deinem Kopf
wie ganz zu Beginn.
Es hätte den
Rausch nicht gebraucht

und auch nicht
die Schmerzen danach.
Nicht die Flucht
zu den stummen Männern.
Die Gedanken
bleiben dieselben,
und ihre Schwere
spürst du nun auch
im Kopf.
Es liegt nicht an der
Socke, nicht am Glanz
des Fußbodens, nicht
am Staub auf der Lampe.
Sieh mich!
Will sie dir sagen.
Zeig mir, dass ich dir
wichtig bin!
Du kannst einen
Teppich aus Blumen streuen,
Gedichte und süße Worte
in ihre Ohren säuseln,
sie streicheln und küssen
bis zum Wahnsinn.

Du kannst ihr
etwas einführen,
von dem du glaubst,
es sei das Größte der
Welt.
Aber die Augen öffnen
musst du schon,
sie wahrnehmen
und wirklich sehen.
Du schaust auf das Bier
in deiner Hand und
fragst dich,
wie und wann es dort
hingekommen ist, und
ob Alkohol weise und
einsichtig macht.

Als sie die
Tür öffnet, ist ihr Gesicht so hart
wie eine geballte Faust, die dich mit
einem einzigen Schlag
zermalmen will.
Früher hättest du

jetzt einen lockeren
Spruch gebracht, aber
die Lage ist ernst.
Es geht doch nur um
dich, und ich bin
ein liebender Blinder,
der sich in seinen Gefühlen
sonnt ohne die viel zu
dicke Brille abzunehmen.
Wollen wir dieses Gefühl
einsperren und den
Schlüssel wegwerfen,
wenn es doch an mir liegt,
die Augen zu öffnen?
Nun ist es raus
und irgendwie fühlst du
dich frei und unbeschwert.
Du weißt nicht,
ob du all deine
Versprechungen
erfüllen kannst,
aber der Weg ist erkannt
und er ist

sehr steinig.
Ihr Lachen aber
sagt dir, dass
du es schaffen wirst
mit ihr.
Nichts ist leichter gesagt
und schwieriger getan
als die Veränderung.
Aber du schaffst es
mit ihr, und endlich
geht alles auf.
Vor allem aber
dir ein Licht!
Liebe fällt dir nicht von
einer metaphysischen
Ebene zu und
bleibt da wie
eine Krankheit,
gegen die es
kein Mittel gibt.
Du kannst dich nicht
auf das Sofa setzen und
auf sie warten.

Du solltest die Hände
von den Chips lassen,
den Fernseher ausschalten
und den Menschen neben
dir ansehen.
Immer wieder, auch
in der hundertsten
Wiederholung.
Schade um all die Zeit,
die du nicht
damit verbringst,
die Einmaligkeit
deiner Frau zu genießen.
Denn du hast sie
ausgewählt unter all
den anderen und
sie dich auch.
Natürlich bleiben
Rätsel bestehen.
Warum muss man
nachts um halb drei
Dinge besprechen,
die wirklich noch Zeit hätten?

Gibt es einen Bonus
im Leben für die
Anzahl der gesprochenen
Worte, oder
müssen Frauen einfach so
immerzu reden?
Wie schaffen sie es bei
derselben Menge an
äußeren Reizen
mehr zu sehen, zu spüren
und darüber zu sprechen?
Lächle nicht darüber,
staune und lerne von ihnen.

Gelernt hast du nun eine Menge,
und eigentlich kann
dich nichts
mehr überraschen, denkst du.
Du liebst eine Frau;
du erträgst deine Arbeit
und bist auf alles gefasst.
Auf fast alles.

Dann aber stehst
du in einem
sterilen Gang,
gehst auf und ab,
und der kleine
Teddy in deiner
Hand
müsste schon blaue Flecken
haben.
Ein kleiner
Schrei Leben
erlöst dich
von deiner Tortur der
absoluten Machtlosigkeit.
Du wirst
so wenig schlafen wie
nie zuvor in deinem
Leben.
Der süßlich-herbe
Duft von gefüllten
Windeln legt
sich wie ein
sanfter Schleier auf

deine Wohnung.
Du hörst dir
widersinnige
Kinderreime
zehnmal hintereinander
an, ohne
die Sinnhaftigkeit
deines Verhaltens
in Frage zu stellen.
Und wenn
du dieses
kleine, schreiende
Etwas, das
sich so wundervoll
and dich schmiegen
und zart Papa sagen
kann,
endlich aus dem
Gröbsten heraus hast,
entwickelt sich tatsächlich
in den unerforschten
Niederungen deines
Geistes der Wunsch,

alles noch einmal

erleben zu wollen.

Und da deine

Frau immer noch

so rattenscharf ist,

fällt die Umsetzung

ganz leicht.

Es ist aber trotzdem so,

als würde

plötzlich jemand

an der Zeitschraube

deines Lebens drehen.

Zeit ist relativ,

insbesondere gefühlte

Lebenszeit.

Früher schien sie unendlich

wie das Universum,

und nun ist sie

so kurz wie dein Leben.

Du versuchst

alle Momente

mit deiner Familie

zu genießen,

ja, zu konservieren,
und raubst dem
Tag dafür so
viele Stunden
wie möglich.
Wenn du auf dich
blickst, siehst du
jemanden,
der sich zurückgezogen hat.
Hingewendet
zu denen,
denen er vertraut,
die er liebt,
aber weg vom Leben
dort draußen.
Dort, wo du
noch ein wenig
arbeiten musst, weil
der Lottogewinn
doch immer wieder
auf sich warten lässt.
Dort, wo du
versuchst teilzunehmen

am

Leben der Anderen.

Doch irgendetwas
hat sich
irgendwann verändert.
Du ganz sicher.
Du kannst zum
Beispiel nicht
mehr alles aus deinem
Schrank bedenkenlos
anziehen.
Aber die Zeit der
Partnerwahl ist eh vorbei,
tröstest du dich,
auch wenn dieser Trost
bei der Atemnot
beim Treppensteigen
kein wirklich guter
und am Ende wieder
einmal nur ein Witz
unter Männern ist.
Diese Männer,

unter denen du so wenige

echte Freunde findest,

weil sie sich hinter

ihren doch so

männlichen Fassaden

verstecken.

Dabei könnten

sie dir ihre Emotionen

zeigen, aber so

etwas sieht man dir

halt nicht an, und

auf T-Shirts sind

dumme Sprüche und die

Jahreszahl deiner Geburt

immer besser gesehen als:

Hallo Gleichgeschlechtiger,

ich bin ein Mann mit Gefühlen.

Du kannst mit mir reden.

Die Männer,

die du dort draußen triffst,

sind Banker und Werber,

verkaufen Darlehen und Visionen,

und kreditieren dabei

die eigenen Werte
bis zur persönlichen
Insolvenz.
Zahlungsunfähig in der
Währung der Gefühle
reden sie stumm miteinander
in einer Sprache
ohne Worte.
Die Welt dort draußen
macht dich irgendwie krank.
Da ist so
viel Leben
in deiner Liebe,
aber es ist nur die Familie
allein.
Und trotzdem
bekommt sie nur das,
was die Anstrengungen
des Tages von
dir übrig lassen.
Du verlässt
jeden Morgen
deine heile Welt,

um dieser anderen
deinen Beitrag
für etwas zu leisten,
was längst
niemand mehr versteht.
In der komplexen
Welt sehnst du dich
nach Einfachheit,
Klarheit und Ehrlichkeit,
kommst erschöpft
nach Hause,
weil du all das
an keinem Tag
finden kannst.

Dein Arzt sagt
dir irgendwann,
dass es doch nicht
der fehlende Sport ist.
Dass du kürzer treten musst.
Mehr Zeit für deine Familie
haben solltest und
auf jeden Fall

weniger arbeiten.
So ein Arzt ist doch
ein komischer Kauz,
und was weiß der schon
von den Notwendigkeiten
des Lebens?
Natürlich bist du
nicht unvorsichtig,
nicht verantwortungslos,
aber du änderst halt nichts.

Du liegst in einem Einzelbett,
hast Chefarztbehandlung und
trotzdem das Gefühl,
dass dich dieser Vorzug
nicht retten wird
vor dem unausweichlichen Ende.
Es ist ein schwacher Trost,
dass nur die am meisten
Angst vor dem Tod haben,
die nie wirklich lebten.
Menschen, die
etwas verlieren können,
leiden nicht minder.
Die größte Freude
ist deine Familie,
die ehrliches Leid zeigt
und dir
das Gefühl gibt,
dass du nicht immer
nur ein schlechter Kerl warst.
Du musst vor
deiner Frau gehen,
und das macht den

Schmerz für
dich ertragbarer,
denn die Vorstellung,
ihren Tod beweinen zu müssen,
hattest du immer gefürchtet.
Nun steht sie vor dir,
und du siehst in ihr
dein Leben
und all das, was wirklich
richtig und wahrhaftig war.
Sie wird dir fehlen,
mehr als alles andere
sonst auf dieser Welt.
Diese Welt, deren Geheimnis
du nie wirklich erkannt hast,
in der dir niemand
je sagen konnte,
was der Sinn des Ganzen ist
oder zumindest
sein könnte.
Du hast deinen gefunden.
Dieses Leben stand
im Zeichen der Liebe

und du bist dir fast sicher,
dass es somit Sinn genug hatte.
Du schaust noch einmal
in die Augen deiner
Kinder, und es
gelingt dir,
die Tränen ein wenig
wegzudenken.
Das, was du
dort siehst, gibt dir
Ruhe und Kraft.
Und während du
nach ihrem Besuch einschläfst,
fällt dir endlich das Wort ein,
das du gesucht hattest.
Erfüllung.

Mitten in der Nacht wird dir
seltsam wohl zumute,
Die Schmerzen
der letzten Wochen
verschwinden, und
der Raum wird von einem
so hellen Licht erfüllt,
wie du es
noch nie gesehen hast.
Du fühlst dich leicht
und frei,
dir ist, als ob du fliegst.
Und du fliegst tatsächlich
eine ganze Weile,
ohne zu wissen warum
und wohin.
Das Licht und
die Freiheit umgeben dich,
und du würdest
dich gern auf die Suche
nach deiner Frau und
deiner Familie machen
und ihnen sagen,

dass dein Leben nur durch
sie einen Sinn hatte.
Dann würdest du ihnen
auch sagen, dass du
jeden Tag verflucht hast,
an dem du zu lange
im Büro, zu Seminaren und
Kongressen warst oder
an deinem Roman
gearbeitet hast,
den du doch nie
zu Ende schreiben konntest.
Und den natürlich
auch niemand
hätte lesen wollen.
Mitten in deinen Gedanken
merkst du,
wie du scheinbar
zur Landung ansetzt,
jedenfalls fühlt es sich so an.
Das leichte Gefühl
verschwindet
und die Schwerkraft zieht

dich wieder in ihren Bann.

Das Licht wird schwächer,

bis es ganz verschwindet.

Du kannst

deinen Körper

nicht spüren,

hast das Gefühl,

als würdest du nur

aus deinem Geist bestehen.

Eine kaum

bestimmbare Zeit

später fällt ganz schwach

eine Art

Licht auf dich.

Leicht rötlich,

ganz fern.

Es ist aber,

als würdest

du es durch

geschlossene Augen

wahrnehmen.

Und irgendwann

spürst du

deine Arme wieder
und deine Beine.
Es ist alles noch fremd,
aber du gewinnst
nach und nach wieder die Kontrolle
über dich
und deinen Körper.
Egal, wo dich diese Reise
hinführen wird,
du wirst deine
Familie suchen
und deine Erkenntnisse
wie das Evangelium
verkünden.
Du wirst all das Wissen
deiner Lebensjahre umsetzen
und endlich der Mensch sein,
der du immer sein wolltest,
wenn du von Anfang an
gewusst hättest,
was das alles soll,
was die Anderen den
Sinn des Lebens nennen.

Doch der Schock
für dich kommt,
als du endlich die Augen
öffnen kannst.
Deine Hände
sind so winzig
wie deine Beine,
aus deinem Bauch
ragt eine Schnur, und
um dich herum
ist eine Flüssigkeit,
die du schon
die gesamte Zeit trinkst
und wieder ausscheidest.
Aber du weißt ja alles und
begreifst schnell.
Du wirst deine Lieben
nicht wieder sehen
als der, der du warst,
und sie werden dich
nicht erkennen.
Aber du hast immer noch

die Erfahrung
des letzten Lebens und
wirst alles
gleich richtig machen.
Nach und nach gewöhnst
du dich an deine Rolle
und freust dich
auf deine Geburt.
Deine Eltern
streicheln dich und
reden auf dich ein.
Du verstehst jedes Wort,
findest viele Redewendungen
reichlich infantil,
erinnerst dich aber,
dass du es nicht besser
gemacht hast,
vor wer weiß
wie vielen Jahren.
Endlich ist es soweit und
du fühlst dich
stark und bereit,
wieder auf die

Erde zu treten.
Sie bringen dich und
deine Mutter
in das Krankenhaus,
du drehst dich nach unten
und bist
schon gespannt
auf die vielen
neuen Gesichter und
deine dir neu
zugedachte Rolle.
Vor allem aber weißt du,
wie sie staunen werden,
wenn du ihnen
gleich zu Beginn
sagst, worum es
im Leben geht.
Dann geht es los.
Der Muttermund
öffnet sich und wird größer.
Die Fruchtblase platzt und
das Fruchtwasser läuft ab.
Du rutschst weiter,

irgendwo da vorn siehst du
ein Licht.
So eine Geburt ist
ein riesiger Moment,
eine unglaubliche Erfahrung,
die du so in deinem letzten Leben
als Mann
nicht machen durftest,
aber nun erlebst du
alles wahrhaftig.
Doch kurz bevor du
nach draußen kommst
und das letzte Wasser
deine Lungen verlässt,
merkst du,
wie deine Erinnerungen
immer mehr verblassen.
Deine Frau,
deine Kinder,
dein letztes Leben,
alles entgleitet deiner
Vorstellung,
so dass du

am Liebsten drin
bleiben möchtest.
Doch irgendeine Kraft
zieht an dir und
holt dich ans Licht.
Du kommst raus,
schnappst nach Luft,
suchst in deinem Hirn
nach diesen
wundervollen Bildern.
Doch sie sind
nicht mehr da.
Du hast sie
alle vergessen.
Du beginnst
zu schreien.